监察法学习百问百答

中国法治出版社

第一章 总　　则

1. 《监察法》的立法目的是什么? ……………… 1
2. 监察工作的指导思想是什么? ……………… 1
3. 2024 年《监察法》修改的主要内容有哪些? ……………………………………… 2
4. 监察委员会的性质和职能是什么? ………… 5
5. 监察委员会如何独立行使监察权? ………… 5
6. 监察机关如何与审判机关、检察机关等互相配合、互相制约? …………… 5
7. 监察机关在工作中需要协助的,有关机关和单位应当如何予以协助? ………… 6
8. 监察工作应当坚持什么原则? ……………… 7

9. 监察工作应当坚持什么方针? ………… 8

第二章 监察机关及其职责

10. 国家监察委员会的性质是什么? 地方各级监察委员会是如何设置的? ……… 9
11. 国家监察委员会是如何产生的? ……… 9
12. 国家监察委员会是如何组成的? 国家监察委员会主任的任期是多久? ……… 10
13. 地方各级监察委员会是如何产生的? …… 10
14. 地方各级监察委员会是如何组成的? 地方各级监察委员会主任的任期是多久? ……………………………… 11
15. 国家监察委员会与地方各级监察委员会的关系是怎样的? ……………… 11
16. 监察委员会如何履行监督、调查、处置职责? ……………………… 12
17. 监察机关负责调查的职务违法包括哪些行为? ……………………… 13

18. 监察机关发现公职人员存在其他违法行为，哪些情形下，可以依法进行调查、处置？ ……… 13

19. 监察机关有权对哪些职务犯罪进行调查？ ……… 14

20. 监察委员会如何派驻或者派出监察机构、监察专员？ ……… 19

21. 什么是监察"再派出"制度？ ……… 19

22. 派驻或者派出监察机构、监察专员的职责是什么？ ……… 20

23. 监察官包括哪些人员？ ……… 21

第三章 监察范围和管辖

24. 监察机关对哪些公职人员和有关人员进行监察？ ……… 23

25. 监察对象中的公务员和参照《公务员法》管理的人员包括哪些？ ……… 24

26. 监察对象中的法律、法规授权或者受国家机关依法委托管理公共事务的组织中从事公务的人员包括哪些? …… 25
27. 监察对象中的国有企业管理人员包括哪些? …… 25
28. 监察对象中的公办的教育、科研、文化、医疗卫生、体育等单位中从事管理的人员包括哪些? …… 26
29. 监察对象中的基层群众性自治组织中从事管理的人员包括哪些? …… 27
30. 监察对象中的其他依法履行公职的人员包括哪些? …… 28
31. 有关机关、单位、组织集体作出的决定违法或者实施违法行为的,如何追究法律责任? …… 29
32. 各级监察机关如何确定管辖范围? …… 30
33. 什么情形下可以指定管辖? …… 30
34. 什么情形下可以提级管辖? …… 31

第四章 监察权限

35. 监察机关收集证据的原则是什么? ……… 33
36. 对可能发生职务违法的监察对象,
监察机关可以采取什么措施? ……… 34
37. 什么情形下,监察机关可以对被调
查人进行谈话、讯问? ……… 34
38. 什么情形下,监察机关可以强制被
调查人到案接受调查? ……… 35
39. 什么情形下,监察机关可以对被调
查人采取责令候查措施? ……… 35
40. 被责令候查人员应当遵守哪些规定? …… 36
41. 什么情形下,监察机关可以将被调
查人留置在特定场所? ……… 37
42. 什么情形下,监察机关可以对被调
查人进行管护? ……… 38
43. 什么情形下,监察机关可以查询、
冻结涉案单位和个人的财产? ……… 39

44. 什么情形下，监察机关可以进行搜查? ……… 39
45. 什么情形下，监察机关可以采取调取、查封、扣押措施? ……… 40
46. 为了减少对企业正常生产经营活动的影响，什么情况下可以不予查封、扣押? ……… 41
47. 什么情形下，监察机关可以进行勘验检查、调查实验? ……… 42
48. 什么情形下，监察机关可以指派、聘请有专门知识的人进行鉴定? ……… 42
49. 什么情形下，监察机关可以采取技术调查措施? ……… 43
50. 什么情形下，监察机关可以决定通缉? ……… 43
51. 什么情形下，监察机关可以采取限制出境措施? ……… 44
52. 什么情形下，监察机关可以提出从宽处罚的建议? ……… 44

53. 监察机关收集、固定、审查、运用证据的要求和标准是怎样的？ …… 45

第五章　监察程序

54. 监察机关如何处理报案或者举报？ …… 47
55. 监察机关应当建立怎样的工作机制？如何加强监督管理？ …… 48
56. 监察机关应当如何处置问题线索？ …… 48
57. 监察机关应当如何开展初步核实工作？ …… 49
58. 监察机关应当如何办理立案手续？ …… 49
59. 监察机关开展调查工作收集证据应当满足什么要求？ …… 50
60. 监察机关调查终结的职务违法案件，应当符合哪些条件，才能认定为"证据确凿"？ …… 51
61. 监察机关调查终结的职务犯罪案件，应当符合哪些条件，才能认定为"证据确实、充分"？ …… 52

62. 开展调查工作有哪些禁止性规定？ ……… 53
63. 调查人员采用非法方法收集的证据应当依法予以排除吗？ ……… 53
64. 开展调查工作有哪些程序性规定？ ……… 54
65. 调查人员应当如何执行调查方案？ ……… 55
66. 强制到案、责令候查、管护措施的期限是多久？ ……… 55
67. 管护、留置期限如何折抵刑期？ ……… 56
68. 监察机关采取留置措施有哪些程序性规定？ ……… 56
69. 留置的期限是多久？ ……… 57
70. 如何保障被强制到案人员、被管护人员、被留置人员的权益？ ……… 58
71. 什么情形下，可以变更监察强制措施？ ……… 59
72. 监察机关如何形成审理报告？ ……… 60
73. 监察机关如何根据监督、调查结果，依法作出处置？ ……… 61
74. 监察机关如何处置涉案财物？ ……… 62

75. 检察机关对监察机关移送的案件应当如何处理？ …… 63

76. 被调查人逃匿或者死亡的，如何处理？ …… 64

77. 监察对象对监察机关作出的涉及本人的处理决定不服的，怎么办？ …… 64

第六章　反腐败国际合作

78. 国家监察委员会如何统筹协调反腐败国际交流、合作？ …… 66

79. 国家监察委员会如何加强对反腐败国际追逃追赃和防逃工作的组织协调？ …… 68

第七章　对监察机关和监察人员的监督

80. 各级人民代表大会及其常务委员会如何对监察工作实行监督？ …… 69

81. 监察机关应当公开监察工作信息吗？ …… 70

82. 哪些监察工作信息应当向社会公开？ …… 70

83. 监察机关如何聘请特约监察员? ………… 70
84. 监察机关如何加强对监察人员的监督? …… 71
85. 什么情形下,可以对监察人员采取禁闭措施? ………………………… 71
86. 监察人员应当履行哪些义务? ………… 72
87. 监察人员应当如何遵守保密义务? ……… 72
88. 监察人员辞职、退休后,有什么从业限制? ………………………… 73
89. 监察人员打听案情、过问案件、说情干预的,应当如何处理? …………… 74
90. 在哪些情形下,办理监察事项的监察人员应当回避? ………………… 74
91. 监察机关及其工作人员侵害被调查人合法权益的,可以申诉吗? ……… 75
92. 受理申诉的监察机关作出处理决定的期限是多久? ………………… 76
93. 申诉人对处理决定不服的,怎么办? …… 76

94. 对调查工作结束后发现立案依据不充分或者失实，案件处置出现重大失误，监察人员严重违法的，如何处理? ················ 77

第八章 法律责任

95. 有关单位拒不执行监察机关作出的处理决定，或者无正当理由拒不采纳监察建议的，如何处理? ··········· 78
96. 哪些阻碍、干扰监察工作的行为要依法给予处理? ························· 79
97. 对控告人、检举人、证人或者监察人员进行报复陷害的，如何处理? ········ 80
98. 控告人、检举人、证人捏造事实诬告陷害监察对象的，如何处理? ········ 81
99. 监察机关及其工作人员滥用职权、玩忽职守、徇私舞弊的，如何处理? ····· 82
100. 什么情形下，应当给予国家赔偿? ····· 84

101. 受害人死亡,或者受害的法人、其他组织终止的,谁有权要求赔偿? …… 85
102. 如何确定赔偿义务机关?赔偿方式是怎样的? ………………………… 85

附 录

中华人民共和国监察法 …………………… 87
（2024年12月25日）

第一章 总 则

1. 《监察法》的立法目的是什么？

《监察法》第一条规定，为了深入开展廉政建设和反腐败工作，加强对所有行使公权力的公职人员的监督，实现国家监察全面覆盖，持续深化国家监察体制改革，推进国家治理体系和治理能力现代化，根据宪法，制定本法。

2. 监察工作的指导思想是什么？

《监察法》第二条规定，坚持中国共产党对国家监察工作的领导，以马克思列宁主义、毛泽东思想、邓小平理论、"三个代表"重要思想、科学发展观、习近平新时代中国特色社会主义思想为指导，构建集中统一、权威高效的中国特色国家监察体制。

3. 2024年《监察法》修改的主要内容有哪些？

此次修改《监察法》，主要包括以下五个方面的内容：

（1）完善有关监察派驻的规定。规定国家监委派驻本级实行垂直管理或者双重领导并以上级单位领导为主的单位、国有企业的监察机构、监察专员，可以向驻在单位的下一级单位再派出；国家监委派驻监察机构、监察专员，可以向驻在单位管理领导班子的普通高等学校再派出；国家监委派驻国务院国有资产监督管理机构的监察机构，可以向驻在单位管理领导班子的国有企业再派出。

（2）授予监察机关必要的监察措施。根据反腐败工作需要和监察工作特点，构建轻重结合、配套衔接的监察强制措施体系。一是增加强制到案措施。规定监察机关根据案件情况，可以强制涉嫌严重职务违法或者职务犯罪的被调查人到案接受调查。解决监察实践中存在的部分被调查人经通知不到案的问题，增强监察执法权威性。二是增加责令候查措施。解决未被采取留置措施的被调查人缺乏相应监督管理措施的问题，同时减少留置措施适用，彰显监察工作尊重和保障人权、维护监察对象和相关人员合法权益的基本原则。三是增加管护措施。规定监察机关对自动投案或者交代有关问题的涉嫌严重职务违法或者职务犯罪人员，在紧急情况下可以进行管护，以保障办案安全。

（3）完善监察程序。一是在现行留置期限规定的基础上，增加规定经国家监委批准或决定，对可能判处十年有期徒刑以上刑罚的案件可以再延长二个月留置期限，省级以上监察机关发现另有重要罪行可以重新计算一次留置期限。以适应监察办案实际，解决重大复杂案件留置期限紧张的问题。二是明确公安机关负责省级以下监察机关留置场所的看护勤务，对留置看护队伍的管理作出原则规定。将实践做法上升为法律规定,为公安机关开展留置场所的看护勤务工作提供明确、充分的法律依据。三是配套完善新增三项监察强制措施的时限、审批程序和工作要求,确保相关措施严格规范行使,并赋予有关人员申请变更监察强制措施的权利。四是规定审理程序和审理工作要求,突出审理对调查的审核把关和监督制约作用。

(4) 充实反腐败国际合作相关规定。与国际刑事司法协助法等法律相衔接,充实完善国家监委反腐败国际合作职责,进一步丰富追逃追赃法律手段。

(5) 强化监察机关自身建设。一是增加特约监察员监督相关内容。二是增加规定监察人员涉嫌严重职务违法或者职务犯罪,为防止造成更为严重的后果或者恶劣影响,监察机关可以对其采取禁闭措施。三是结合新增监察强制措施、保护企业产权和自主经营权的要求,相应完善对监察机关及其工作人员违法办案的申诉制度和责任追究规定。

第一章 总　则

4. 监察委员会的性质和职能是什么？

根据《监察法》第三条规定，各级监察委员会是行使国家监察职能的专责机关，依照本法对所有行使公权力的公职人员进行监察，调查职务违法和职务犯罪，开展廉政建设和反腐败工作，维护宪法和法律的尊严。

5. 监察委员会如何独立行使监察权？

《监察法》第四条第一款规定，监察委员会依照法律规定独立行使监察权，不受行政机关、社会团体和个人的干涉。

6. 监察机关如何与审判机关、检察机关等互相配合、互相制约？

《监察法》第四条第二款规定，监察机关办理职务违法和职务犯罪案件，应当与审判机关、检察机关、执法部门互相配合，互相制约。第三十七条规定，人民法院、人民检察院、公安机关、审计机关等国家机关在工作中发现公职人员涉嫌贪污贿赂、失职渎职等职务违法或者职务犯罪的问题线索,应当移送监察机关,由监察机关依法调查处置。被调查人既涉嫌严重职务违法或者职务犯罪,又涉嫌其他违法犯罪的,一般应当由监察机关为主调查,其他机关予以协助。

《监察法实施条例》第八条规定,监察机关办理职务犯罪案件,应当与人民法院、人民检察院互相配合、互相制约,在案件管辖、证据审查、案件移送、涉案财物处置等方面加强沟通协调,对于人民法院、人民检察院提出的退回补充调查、排除非法证据、调取同步录音录像、要求调查人员出庭等意见依法办理。

7. 监察机关在工作中需要协助的,有关机关和单位应当如何予以协助?

《监察法》第四条第三款规定,监察机关在工作中需要协助的,有关机关和单位应当

第一章 总　则

根据监察机关的要求依法予以协助。第四十九条第一款规定,监察机关采取强制到案、责令候查、管护、留置措施,可以根据工作需要提请公安机关配合。公安机关应当依法予以协助。

《监察法实施条例》第九条规定,监察机关开展监察工作,可以依法提请组织人事、公安、国家安全、审计、统计、市场监管、金融监管、财政、税务、自然资源、银行、证券、保险等有关部门、单位予以协助配合。有关部门、单位应当根据监察机关的要求,依法协助采取有关措施、共享相关信息、提供相关资料和专业技术支持,配合开展监察工作。

8. 监察工作应当坚持什么原则?

《监察法》第五条规定,国家监察工作严格遵照宪法和法律,以事实为根据,以法律为准绳;权责对等,严格监督;遵守法定程序,公正履行职责;尊重和保障人权,在适用法律上一律平等，保障监察对象及相关人员的合法权益；惩戒与教育相结合，宽严相济。

《监察法实施条例》第七条规定，监察机关应当在适用法律上一律平等，充分保障监察对象以及相关人员的人身权、知情权、财产权、申辩权、申诉权以及申请复审复核权等合法权益。

9. 监察工作应当坚持什么方针？

《监察法》第六条规定，国家监察工作坚持标本兼治、综合治理，强化监督问责，严厉惩治腐败；深化改革、健全法治，有效制约和监督权力；加强法治教育和道德教育，弘扬中华优秀传统文化，构建不敢腐、不能腐、不想腐的长效机制。

第二章 监察机关及其职责

10. 国家监察委员会的性质是什么？地方各级监察委员会是如何设置的？

《宪法》第一百二十三条规定，中华人民共和国各级监察委员会是国家的监察机关。《监察法》第七条规定，中华人民共和国国家监察委员会是最高监察机关。省、自治区、直辖市、自治州、县、自治县、市、市辖区设立监察委员会。

11. 国家监察委员会是如何产生的？

《监察法》第八条第一款、第四款规定，国家监察委员会由全国人民代表大会产生，负责全国监察工作。国家监察委员会对全国人民代表大会及其常务委员会负责，并接受其监督。

12. 国家监察委员会是如何组成的？国家监察委员会主任的任期是多久？

《监察法》第八条第二款、第三款规定，国家监察委员会由主任、副主任若干人、委员若干人组成，主任由全国人民代表大会选举，副主任、委员由国家监察委员会主任提请全国人民代表大会常务委员会任免。

国家监察委员会主任每届任期同全国人民代表大会每届任期相同，连续任职不得超过两届。

13. 地方各级监察委员会是如何产生的？

《监察法》第九条第一款、第四款规定，地方各级监察委员会由本级人民代表大会产生，负责本行政区域内的监察工作。

地方各级监察委员会对本级人民代表大会及其常务委员会和上一级监察委员会负责，并接受其监督。

14. 地方各级监察委员会是如何组成的？地方各级监察委员会主任的任期是多久？

《监察法》第九条第二款、第三款规定，地方各级监察委员会由主任、副主任若干人、委员若干人组成，主任由本级人民代表大会选举，副主任、委员由监察委员会主任提请本级人民代表大会常务委员会任免。地方各级监察委员会主任每届任期同本级人民代表大会每届任期相同。

15. 国家监察委员会与地方各级监察委员会的关系是怎样的？

《监察法》第十条规定，国家监察委员会领导地方各级监察委员会的工作，上级监察委员会领导下级监察委员会的工作。

16. 监察委员会如何履行监督、调查、处置职责？

《监察法》第十一条规定，监察委员会依照本法和有关法律规定履行监督、调查、处置职责：

（1）对公职人员开展廉政教育，对其依法履职、秉公用权、廉洁从政从业以及道德操守情况进行监督检查；

（2）对涉嫌贪污贿赂、滥用职权、玩忽职守、权力寻租、利益输送、徇私舞弊以及浪费国家资财等职务违法和职务犯罪进行调查；

（3）对违法的公职人员依法作出政务处分决定；对履行职责不力、失职失责的领导人员进行问责；对涉嫌职务犯罪的，将调查结果移送人民检察院依法审查、提起公诉；向监察对象所在单位提出监察建议。

17. 监察机关负责调查的职务违法包括哪些行为？

《监察法实施条例》第二十三条规定，监察机关负责调查的职务违法是指公职人员实施的与其职务相关联，虽不构成犯罪但依法应当承担法律责任的下列违法行为：

（1）利用职权实施的违法行为；

（2）利用职务上的影响实施的违法行为；

（3）履行职责不力、失职失责的违法行为；

（4）其他违反与公职人员职务相关的特定义务的违法行为。

18. 监察机关发现公职人员存在其他违法行为，哪些情形下，可以依法进行调查、处置？

《监察法实施条例》第二十四条规定，监察机关发现公职人员存在其他违法行为，具有

下列情形之一的,可以依法进行调查、处置:

(1) 超过行政违法追究时效,或者超过犯罪追诉时效、未追究刑事责任,但需要依法给予政务处分的;

(2) 被追究行政法律责任,需要依法给予政务处分的;

(3) 监察机关调查职务违法或者职务犯罪时,对被调查人实施的事实简单、清楚,需要依法给予政务处分的其他违法行为一并查核的。

监察机关发现公职人员成为监察对象前有前述规定的违法行为的,依照前述规定办理。

19. 监察机关有权对哪些职务犯罪进行调查?

根据《监察法实施条例》第二十六条至第三十一条、第五十二条第一款的规定,监察机关依法调查的职务犯罪包括以下七类犯罪,共101个罪名:

(1) 监察机关依法调查涉嫌贪污贿赂犯

罪，包括贪污罪，挪用公款罪，受贿罪，单位受贿罪，利用影响力受贿罪，行贿罪，对有影响力的人行贿罪，对单位行贿罪，介绍贿赂罪，单位行贿罪，巨额财产来源不明罪，隐瞒境外存款罪，私分国有资产罪，私分罚没财物罪，以及公职人员在行使公权力过程中实施的职务侵占罪，挪用资金罪，对外国公职人员、国际公共组织官员行贿罪，非国家工作人员受贿罪和相关联的对非国家工作人员行贿罪。

（2）监察机关依法调查公职人员涉嫌滥用职权犯罪，包括滥用职权罪，国有公司、企业、事业单位人员滥用职权罪，滥用管理公司、证券职权罪，食品、药品监管渎职罪，故意泄露国家秘密罪，报复陷害罪，阻碍解救被拐卖、绑架妇女、儿童罪，帮助犯罪分子逃避处罚罪，违法发放林木采伐许可证罪，办理偷越国（边）境人员出入境证件罪，放行偷越国（边）境人员罪，挪用特定款物罪，非法剥夺公民宗教信仰自由罪，侵犯少数民族风俗习惯罪，打击报复会计、统计人员罪，以及司法工作人员以外的公职人员利用职权实施的非法拘禁罪、虐待被监管人罪、非法搜查罪。

（3）监察机关依法调查公职人员涉嫌玩忽职守犯罪，包括玩忽职守罪，国有公司、企业、事业单位人员失职罪，签订、履行合同失职被骗罪，国家机关工作人员签订、履行合同失职被骗罪，环境监管失职罪，传染病防治失职罪，商检失职罪，动植物检疫失职罪，不解救被拐卖、绑架妇女、儿童罪，失职造成珍贵文物损毁、流失罪，过失泄露国家秘密罪。

（4）监察机关依法调查公职人员涉嫌徇私舞弊犯罪，包括徇私舞弊低价折股、出售公司、企业资产罪[1]，非法批准征收、征用、占

---

[1] 根据《刑法修正案（十二）》《最高人民法院、最高人民检察院关于执行〈中华人民共和国刑法〉确定罪名的补充规定（八）》，"徇私舞弊低价折股、出售国有资产罪"修改为"徇私舞弊低价折股、出售公司、企业资产罪"。

用土地罪,非法低价出让国有土地使用权罪,非法经营同类营业罪,为亲友非法牟利罪,枉法仲裁罪,徇私舞弊发售发票、抵扣税款、出口退税罪,商检徇私舞弊罪,动植物检疫徇私舞弊罪,放纵走私罪,放纵制售伪劣商品犯罪行为罪,招收公务员、学生徇私舞弊罪,徇私舞弊不移交刑事案件罪,违法提供出口退税凭证罪,徇私舞弊不征、少征税款罪。

(5) 监察机关依法调查公职人员在行使公权力过程中涉及的重大责任事故犯罪,包括重大责任事故罪,教育设施重大安全事故罪,消防责任事故罪,重大劳动安全事故罪,强令、组织他人违章冒险作业罪,危险作业罪,不报、谎报安全事故罪,铁路运营安全事故罪,重大飞行事故罪,大型群众性活动重大安全事故罪,危险物品肇事罪,工程重大安全事故罪。

(6) 监察机关依法调查公职人员在行使公权力过程中涉及的其他犯罪,包括破坏选举罪，背信损害上市公司利益罪，金融工作人员购买假币、以假币换取货币罪，利用未公开信息交易罪，诱骗投资者买卖证券、期货合约罪，背信运用受托财产罪，违法运用资金罪，违法发放贷款罪，吸收客户资金不入账罪，违规出具金融票证罪，对违法票据承兑、付款、保证罪，非法转让、倒卖土地使用权罪，私自开拆、隐匿、毁弃邮件、电报罪，故意延误投递邮件罪，泄露不应公开的案件信息罪，披露、报道不应公开的案件信息罪，接送不合格兵员罪。

（7）监察机关必要时可以依法调查司法工作人员利用职权实施的涉嫌非法拘禁、刑讯逼供、非法搜查等侵犯公民权利、损害司法公正的犯罪，并在立案后及时通报同级人民检察院。

20. 监察委员会如何派驻或者派出监察机构、监察专员？

《监察法》第十二条第一款、第四款规定，各级监察委员会可以向本级中国共产党机关、国家机关、中国人民政治协商会议委员会机关、法律法规授权或者委托管理公共事务的组织和单位以及辖区内特定区域、国有企业、事业单位等派驻或者派出监察机构、监察专员。监察机构、监察专员对派驻或者派出它的监察委员会或者监察机构、监察专员负责。

21. 什么是监察"再派出"制度？

《监察法》第十二条第二款、第三款规定，经国家监察委员会批准，国家监察委员会派驻本级实行垂直管理或者双重领导并以上级单位领导为主的单位、国有企业的监察机构、监察专员，可以向驻在单位的下一级单位再派出。

经国家监察委员会批准，国家监察委员会

派驻监察机构、监察专员，可以向驻在单位管理领导班子的普通高等学校再派出；国家监察委员会派驻国务院国有资产监督管理机构的监察机构，可以向驻在单位管理领导班子的国有企业再派出。

2024年修正的《监察法》新增监察"再派出"制度，有利于实现监察权向下延伸，破解垂管系统以及相关企业、高校监察监督的瓶颈问题，增强监察监督全覆盖的有效性。

22. 派驻或者派出监察机构、监察专员的职责是什么？

《监察法》第十三条规定，派驻或者派出的监察机构、监察专员根据授权，按照管理权限依法对公职人员进行监督，提出监察建议，依法对公职人员进行调查、处置。

《监察法实施条例》第十三条规定，派驻或者派出的监察机构、监察专员根据派出机关授权，按照管理权限依法对派驻或者派出监督单位、区域等的公职人员开展监督，对职务违法和职务犯罪进行调查、处置。监察机构、监察专员可以按规定与地方监察委员会联合调查严重职务违法、职务犯罪，或者移交地方监察委员会调查。未被授予职务犯罪调查权的监察机构、监察专员发现监察对象涉嫌职务犯罪线索的，应当及时向派出机关报告，由派出机关调查或者依法移交有关地方监察委员会调查。

23. 监察官包括哪些人员？

《监察法》第十四条规定，国家实行监察官制度，依法确定监察官的等级设置、任免、考评和晋升等制度。

根据《监察官法》第三条规定，监察官包括下列人员：

（1）各级监察委员会的主任、副主任、委员；

（2）各级监察委员会机关中的监察人员；

（3）各级监察委员会派驻或者派出到中国

共产党机关、国家机关、法律法规授权或者委托管理公共事务的组织和单位以及所管辖的行政区域等的监察机构中的监察人员、监察专员；

（4）其他依法行使监察权的监察机构中的监察人员。

对各级监察委员会派驻到国有企业的监察机构工作人员、监察专员，以及国有企业中其他依法行使监察权的监察机构工作人员的监督管理，参照执行《监察官法》有关规定。

第三章　监察范围和管辖

24. 监察机关对哪些公职人员和有关人员进行监察？

《监察法实施条例》第三十七条规定，监察机关依法对所有行使公权力的公职人员进行监察，实现国家监察全面覆盖。

根据《监察法》第十五条规定，监察机关对下列公职人员和有关人员进行监察：

（1）中国共产党机关、人民代表大会及其常务委员会机关、人民政府、监察委员会、人民法院、人民检察院、中国人民政治协商会议各级委员会机关、民主党派机关和工商业联合会机关的公务员，以及参照《公务员法》管理的人员；

（2）法律、法规授权或者受国家机关依法

委托管理公共事务的组织中从事公务的人员;

(3) 国有企业管理人员;

(4) 公办的教育、科研、文化、医疗卫生、体育等单位中从事管理的人员;

(5) 基层群众性自治组织中从事管理的人员;

(6) 其他依法履行公职的人员。

25. 监察对象中的公务员和参照《公务员法》管理的人员包括哪些?

根据《监察法实施条例》第三十八条、《公务员法》第二条第一款规定,《监察法》第十五条第一项所称公务员范围,是指依法履行公职、纳入国家行政编制、由国家财政负担工资福利的工作人员。

《监察法》第十五条第一项所称参照《公务员法》管理的人员,是指有关单位中经批准参照《公务员法》进行管理的工作人员。

26. 监察对象中的法律、法规授权或者受国家机关依法委托管理公共事务的组织中从事公务的人员包括哪些？

《监察法实施条例》第三十九条规定，《监察法》第十五条第二项所称法律、法规授权或者受国家机关依法委托管理公共事务的组织中从事公务的人员，是指在上述组织中，除参照公务员法管理的人员外，对公共事务履行组织、领导、管理、监督等职责的人员，包括具有公共事务管理职能的行业协会等组织中从事公务的人员，以及法定检验检测、检疫等机构中从事公务的人员。

27. 监察对象中的国有企业管理人员包括哪些？

《监察法实施条例》第四十条规定，《监察法》第十五条第三项所称国有企业管理人员，是指国家出资企业中的下列人员：

（1）在国有独资、全资公司、企业中履行组织、领导、管理、监督等职责的人员；

（2）经党组织或者国家机关，国有独资、全资公司、企业，事业单位提名、推荐、任命、批准等，在国有控股、参股公司及其分支机构中履行组织、领导、管理、监督等职责的人员；

（3）经国家出资企业中负有管理、监督国有资产职责的组织批准或者研究决定，代表其在国有控股、参股公司及其分支机构中从事组织、领导、管理、监督等工作的人员。

28. 监察对象中的公办的教育、科研、文化、医疗卫生、体育等单位中从事管理的人员包括哪些？

《监察法实施条例》第四十一条规定，《监察法》第十五条第四项所称公办的教育、科研、文化、医疗卫生、体育等单位中从事管理的人员，是指国家为了社会公益目的，由国家机关举办或者其他组织利用国有资产举办的教育、科研、文化、医疗卫生、体育等事业单位中,从事组织、领导、管理、监督等工作的人员。

29. 监察对象中的基层群众性自治组织中从事管理的人员包括哪些?

《监察法实施条例》第四十二条规定,《监察法》第十五条第五项所称基层群众性自治组织中从事管理的人员,是指该组织中的下列人员:

(1) 从事集体事务和公益事业管理的人员;

(2) 从事集体资金、资产、资源管理的人员;

(3) 协助人民政府从事行政管理工作的人员,包括从事救灾、防疫、抢险、防汛、优抚、帮扶、移民、救济款物的管理,社会捐助公益事业款物的管理,国有土地的经营和管理，土地征收、征用补偿费用的管理，代征、代缴税款，有关计划生育、户籍、征兵工作，协助人民政府等国家机关在基层群众性自治组织中从事的其他管理工作。

30. 监察对象中的其他依法履行公职的人员包括哪些？

《监察法实施条例》第四十三条规定，下列人员属于《监察法》第十五条第六项所称其他依法履行公职的人员：

（1）履行人民代表大会职责的各级人民代表大会代表，履行公职的中国人民政治协商会议各级委员会委员、人民陪审员、人民监督员；

（2）虽未列入党政机关人员编制，但在党政机关中从事公务的人员；

（3）在集体经济组织等单位、组织中，由党组织或者国家机关，国有独资、全资公司、企业，国家出资企业中负有管理监督国有和集

体资产职责的组织,事业单位提名、推荐、任命、批准等,从事组织、领导、管理、监督等工作的人员;

(4) 在依法组建的评标、谈判、询价等组织中代表国家机关,国有独资、全资公司、企业,事业单位,人民团体临时履行公共事务组织、领导、管理、监督等职责的人员;

(5) 其他依法行使公权力的人员。

31. 有关机关、单位、组织集体作出的决定违法或者实施违法行为的,如何追究法律责任?

《监察法实施条例》第四十四条规定,有关机关、单位、组织集体作出的决定违法或者实施违法行为的,监察机关应当对负有责任的领导人员和直接责任人员中的公职人员依法追究法律责任。

32. 各级监察机关如何确定管辖范围?

《监察法》第十六条规定,各级监察机关按照管理权限管辖本辖区内本法第十五条规定的人员所涉监察事项。

上级监察机关可以办理下一级监察机关管辖范围内的监察事项,必要时也可以办理所辖各级监察机关管辖范围内的监察事项。

监察机关之间对监察事项的管辖有争议的,由其共同的上级监察机关确定。

33. 什么情形下可以指定管辖?

《监察法》第十七条第一款规定,上级监察机关可以将其所管辖的监察事项指定下级监察机关管辖,也可以将下级监察机关有管辖权的监察事项指定给其他监察机关管辖。

《监察法实施条例》第四十八条第三款、第四款规定,上级监察机关对于下级监察机关管辖的职务违法和职务犯罪案件,具有下列情形之一，认为由其他下级监察机关管辖更为适宜的，可以依法指定给其他下级监察机关管辖：（1）管辖有争议的；（2）指定管辖有利于案件公正处理的；（3）下级监察机关报请指定管辖的；（4）其他有必要指定管辖的。

被指定的下级监察机关未经指定管辖的监察机关批准，不得将案件再行指定管辖。发现新的职务违法或者职务犯罪线索，以及其他重要情况、重大问题，应当及时向指定管辖的监察机关请示报告。

34. 什么情形下可以提级管辖？

《监察法》第十七条第二款规定，监察机关认为所管辖的监察事项重大、复杂，需要由上级监察机关管辖的，可以报请上级监察机关管辖。

《监察法实施条例》第四十七条规定，上级监察机关对于下一级监察机关管辖范围内的职务违法和职务犯罪案件，具有下列情形之一的,可以依法提级管辖:(1)在本辖区有重大影响的;(2)涉及多个下级监察机关管辖的监察对象,调查难度大的;(3)其他需要提级管辖的重大、复杂案件。

上级监察机关对于所辖各级监察机关管辖范围内有重大影响的案件,必要时可以依法直接调查或者组织、指挥、参与调查。

地方各级监察机关所管辖的职务违法和职务犯罪案件,具有《监察法实施条例》第四十七条第一款规定情形的,可以依法报请上一级监察机关管辖。

第四章　监察权限

35. 监察机关收集证据的原则是什么？

《监察法》第十八条规定，监察机关行使监督、调查职权，有权依法向有关单位和个人了解情况，收集、调取证据。有关单位和个人应当如实提供。监察机关及其工作人员对监督、调查过程中知悉的国家秘密、工作秘密、商业秘密、个人隐私和个人信息，应当保密。任何单位和个人不得伪造、隐匿或者毁灭证据。

《监察法实施条例》第五十九条第二款规定，监察机关向有关单位和个人收集、调取证据时，应当告知其必须依法如实提供证据。对于不按要求提供有关材料，泄露相关信息，伪造、隐匿、毁灭证据，提供虚假情况或者阻止他人提供证据的，依法追究法律责任。

36. 对可能发生职务违法的监察对象，监察机关可以采取什么措施？

《监察法》第十九条规定，对可能发生职务违法的监察对象，监察机关按照管理权限，可以直接或者委托有关机关、人员进行谈话，或者进行函询，要求说明情况。

37. 什么情形下，监察机关可以对被调查人进行谈话、讯问？

《监察法》第二十条规定，在调查过程中，对涉嫌职务违法的被调查人，监察机关可以进行谈话，要求其就涉嫌违法行为作出陈述，必要时向被调查人出具书面通知。

对涉嫌贪污贿赂、失职渎职等职务犯罪的被调查人，监察机关可以进行讯问，要求其如实供述涉嫌犯罪的情况。

第四章 监察权限

38. 什么情形下，监察机关可以强制被调查人到案接受调查？

《监察法》第二十一条规定，监察机关根据案件情况，经依法审批，可以强制涉嫌严重职务违法或者职务犯罪的被调查人到案接受调查。

39. 什么情形下，监察机关可以对被调查人采取责令候查措施？

《监察法》第二十三条第一款规定，被调查人涉嫌严重职务违法或者职务犯罪，并有下列情形之一的，经监察机关依法审批，可以对其采取责令候查措施：

（1）不具有本法第二十四条第一款所列情形的；

（2）符合留置条件，但患有严重疾病、生活不能自理的，系怀孕或者正在哺乳自己婴儿的妇女，或者生活不能自理的人的唯一扶养人；

（3）案件尚未办结，但留置期限届满或者对被留置人员不需要继续采取留置措施的；

（4）符合留置条件，但因为案件的特殊情况或者办理案件的需要，采取责令候查措施更为适宜的。

40. 被责令候查人员应当遵守哪些规定？

《监察法》第二十三条第二款、第三款规定，被责令候查人员应当遵守以下规定：

（1）未经监察机关批准不得离开所居住的直辖市、设区的市的城市市区或者不设区的市、县的辖区；

（2）住址、工作单位和联系方式发生变动的，在二十四小时以内向监察机关报告；

（3）在接到通知的时候及时到案接受调查；

（4）不得以任何形式干扰证人作证；

（5）不得串供或者伪造、隐匿、毁灭

证据。

被责令候查人员违反前述规定，情节严重的，可以依法予以留置。

41. 什么情形下，监察机关可以将被调查人留置在特定场所？

《监察法》第二十四条规定，被调查人涉嫌贪污贿赂、失职渎职等严重职务违法或者职务犯罪，监察机关已经掌握其部分违法犯罪事实及证据，仍有重要问题需要进一步调查，并有下列情形之一的，经监察机关依法审批，可以将其留置在特定场所：

（1）涉及案情重大、复杂的；

（2）可能逃跑、自杀的；

（3）可能串供或者伪造、隐匿、毁灭证据的；

（4）可能有其他妨碍调查行为的。

对涉嫌行贿犯罪或者共同职务犯罪的涉案人员，监察机关可以依照前述规定采取留置措施。

留置场所的设置、管理和监督依照国家有关规定执行。

42. 什么情形下,监察机关可以对被调查人进行管护?

《监察法》第二十五条规定,对于未被留置的下列人员,监察机关发现存在逃跑、自杀等重大安全风险的,经依法审批,可以进行管护:

(1)涉嫌严重职务违法或者职务犯罪的自动投案人员;

(2)在接受谈话、函询、询问过程中,交代涉嫌严重职务违法或者职务犯罪问题的人员;

(3)在接受讯问过程中,主动交代涉嫌重大职务犯罪问题的人员。

采取管护措施后,应当立即将被管护人员送留置场所,至迟不得超过二十四小时。

第四章 监察权限

43. 什么情形下,监察机关可以查询、冻结涉案单位和个人的财产?

《监察法》第二十六条规定,监察机关调查涉嫌贪污贿赂、失职渎职等严重职务违法或者职务犯罪,根据工作需要,可以依照规定查询、冻结涉案单位和个人的存款、汇款、债券、股票、基金份额等财产。有关单位和个人应当配合。

冻结的财产经查明与案件无关的,应当在查明后三日内解除冻结,予以退还。

44. 什么情形下,监察机关可以进行搜查?

《监察法》第二十七条规定,监察机关可以对涉嫌职务犯罪的被调查人以及可能隐藏被调查人或者犯罪证据的人的身体、物品、住处和其他有关地方进行搜查。在搜查时,应当出示搜查证,并有被搜查人或者其家属等见证人在场。

搜查女性身体,应当由女性工作人员进行。

监察机关进行搜查时,可以根据工作需要提请公安机关配合。公安机关应当依法予以协助。

45. 什么情形下,监察机关可以采取调取、查封、扣押措施?

《监察法》第二十八条规定,监察机关在调查过程中,可以调取、查封、扣押用以证明被调查人涉嫌违法犯罪的财物、文件和电子数据等信息。采取调取、查封、扣押措施,应当收集原物原件,会同持有人或者保管人、见证人,当面逐一拍照、登记、编号,开列清单,由在场人员当场核对、签名,并将清单副本交财物、文件的持有人或者保管人。

对调取、查封、扣押的财物、文件,监察机关应当设立专用账户、专门场所,确定专门人员妥善保管，严格履行交接、调取手续，定期对账核实，不得毁损或者用于其他目的。对价值不明物品应当及时鉴定，专门封存保管。

查封、扣押的财物、文件经查明与案件无关的，应当在查明后三日内解除查封、扣押，予以退还。

46. 为了减少对企业正常生产经营活动的影响，什么情况下可以不予查封、扣押？

《监察法实施条例》第二百七十一条第二款规定，查封企业厂房、机器设备等生产资料，企业继续使用对该财产价值无重大影响的，可以允许其使用。对于正在运营或者正在用于科技创新、产品研发的设备和技术资料等，一般不予查封、扣押，确需调取违法犯罪证据的，可以采取拍照、复制等方式。

47. 什么情形下，监察机关可以进行勘验检查、调查实验？

《监察法》第二十九条规定，监察机关在调查过程中，可以直接或者指派、聘请具有专门知识的人在调查人员主持下进行勘验检查。勘验检查情况应当制作笔录，由参加勘验检查的人员和见证人签名或者盖章。

必要时，监察机关可以进行调查实验。调查实验情况应当制作笔录，由参加实验的人员签名或者盖章。

48. 什么情形下，监察机关可以指派、聘请有专门知识的人进行鉴定？

《监察法》第三十条规定，监察机关在调查过程中，对于案件中的专门性问题，可以指派、聘请有专门知识的人进行鉴定。鉴定人进行鉴定后，应当出具鉴定意见，并且签名。

49. 什么情形下,监察机关可以采取技术调查措施?

《监察法》第三十一条规定,监察机关调查涉嫌重大贪污贿赂等职务犯罪,根据需要,经过严格的批准手续,可以采取技术调查措施,按照规定交有关机关执行。

批准决定应当明确采取技术调查措施的种类和适用对象,自签发之日起三个月以内有效;对于复杂、疑难案件,期限届满仍有必要继续采取技术调查措施的,经过批准,有效期可以延长,每次不得超过三个月。对于不需要继续采取技术调查措施的,应当及时解除。

50. 什么情形下,监察机关可以决定通缉?

《监察法》第三十二条规定,依法应当留置的被调查人如果在逃,监察机关可以决定在本行政区域内通缉,由公安机关发布通缉令,追捕归案。通缉范围超出本行政区域的,应当报请有权决定的上级监察机关决定。

51. 什么情形下,监察机关可以采取限制出境措施?

《监察法》第三十三条规定,监察机关为防止被调查人及相关人员逃匿境外,经省级以上监察机关批准,可以对被调查人及相关人员采取限制出境措施,由公安机关依法执行。对于不需要继续采取限制出境措施的,应当及时解除。

52. 什么情形下,监察机关可以提出从宽处罚的建议?

《监察法》第三十四条规定,涉嫌职务犯罪的被调查人主动认罪认罚,有下列情形之一的,监察机关经领导人员集体研究,并报上一级监察机关批准,可以在移送人民检察院时提出从宽处罚的建议:

（1）自动投案，真诚悔罪悔过的；

（2）积极配合调查工作，如实供述监察机关还未掌握的违法犯罪行为的；

（3）积极退赃，减少损失的；

（4）具有重大立功表现或者案件涉及国家重大利益等情形的。

第三十五条规定，职务违法犯罪的涉案人员揭发有关被调查人职务违法犯罪行为，查证属实的，或者提供重要线索，有助于调查其他案件的，监察机关经领导人员集体研究，并报上一级监察机关批准，可以在移送人民检察院时提出从宽处罚的建议。

53. 监察机关收集、固定、审查、运用证据的要求和标准是怎样的？

《监察法》第三十六条规定，监察机关依照本法规定收集的物证、书证、证人证言、被调查人供述和辩解、视听资料、电子数据等证据材料，在刑事诉讼中可以作为证据使用。

监察机关在收集、固定、审查、运用证据时，应当与刑事审判关于证据的要求和标准相一致。

以非法方法收集的证据应当依法予以排除，不得作为案件处置的依据。

第五章　监察程序

54. 监察机关如何处理报案或者举报？

《监察法》第三十八条规定，监察机关对于报案或者举报，应当接受并按照有关规定处理。对于不属于本机关管辖的，应当移送主管机关处理。

《监察法实施条例》第一百六十九条规定，监察机关对于报案或者举报应当依法接受。属于本级监察机关管辖的，依法予以受理；属于其他监察机关管辖的，应当在五个工作日以内予以转送。监察机关可以向下级监察机关发函交办检举控告，并进行督办，下级监察机关应当按期回复办理结果。

55. 监察机关应当建立怎样的工作机制？如何加强监督管理？

《监察法》第三十九条规定，监察机关应当严格按照程序开展工作，建立问题线索处置、调查、审理各部门相互协调、相互制约的工作机制。

监察机关应当加强对调查、处置工作全过程的监督管理，设立相应的工作部门履行线索管理、监督检查、督促办理、统计分析等管理协调职能。

56. 监察机关应当如何处置问题线索？

《监察法》第四十条规定，监察机关对监察对象的问题线索，应当按照有关规定提出处置意见，履行审批手续，进行分类办理。线索处置情况应当定期汇总、通报，定期检查、抽查。

57. 监察机关应当如何开展初步核实工作？

《监察法》第四十一条规定，需要采取初步核实方式处置问题线索的，监察机关应当依法履行审批程序，成立核查组。初步核实工作结束后，核查组应当撰写初步核实情况报告，提出处理建议。承办部门应当提出分类处理意见。初步核实情况报告和分类处理意见报监察机关主要负责人审批。

58. 监察机关应当如何办理立案手续？

《监察法》第四十二条规定，经过初步核实，对监察对象涉嫌职务违法犯罪，需要追究法律责任的，监察机关应当按照规定的权限和程序办理立案手续。

监察机关主要负责人依法批准立案后，应当主持召开专题会议，研究确定调查方案，决定需要采取的调查措施。

立案调查决定应当向被调查人宣布,并通报相关组织。涉嫌严重职务违法或者职务犯罪的,应当通知被调查人家属,并向社会公开发布。

59. 监察机关开展调查工作收集证据应当满足什么要求?

《监察法》第四十三条第一款规定,监察机关对职务违法和职务犯罪案件,应当进行调查,收集被调查人有无违法犯罪以及情节轻重的证据,查明违法犯罪事实,形成相互印证、完整稳定的证据链。

《监察法实施条例》第六十条规定,监察机关认定案件事实应当以证据为根据,全面、客观地收集、固定被调查人有无违法犯罪以及情节轻重的各种证据,形成相互印证、完整稳定的证据链。只有被调查人陈述或者供述,没有其他证据的,不能认定案件事实;没有被调查人陈述或者供述,证据符合法定标准的,可以认定案件事实。

《监察法实施条例》第六十一条规定,证据必须经过查证属实,才能作为定案的根据。审查认定证据,应当结合案件的具体情况,从证据与待证事实的关联程度、各证据之间的联系、是否依照法定程序收集等方面进行综合判断。

60. 监察机关调查终结的职务违法案件,应当符合哪些条件,才能认定为"证据确凿"?

《监察法实施条例》第六十二条规定,监察机关调查终结的职务违法案件,应当事实清楚、证据确凿。证据确凿,应当符合下列条件:

(1) 定性处置的事实都有证据证实;

(2) 定案证据真实、合法;

(3) 据以定案的证据之间不存在无法排除的矛盾;

(4)综合全案证据,所认定事实清晰且令人信服。

61. 监察机关调查终结的职务犯罪案件,应当符合哪些条件,才能认定为"证据确实、充分"?

《监察法实施条例》第六十三条规定,监察机关调查终结的职务犯罪案件,应当事实清楚,证据确实、充分。证据确实、充分,应当符合下列条件:

(1)定罪量刑的事实都有证据证明;

(2)据以定案的证据均经法定程序查证属实;

(3)综合全案证据,对所认定事实已排除合理怀疑。

证据不足的,不得移送人民检察院审查起诉。

62. 开展调查工作有哪些禁止性规定？

《监察法》第四十三条第二款、第三款规定，调查人员应当依法文明规范开展调查工作。严禁以暴力、威胁、引诱、欺骗及其他非法方式收集证据，严禁侮辱、打骂、虐待、体罚或者变相体罚被调查人和涉案人员。

监察机关及其工作人员在履行职责过程中应当依法保护企业产权和自主经营权，严禁利用职权非法干扰企业生产经营。需要企业经营者协助调查的，应当保障其人身权利、财产权利和其他合法权益，避免或者尽量减少对企业正常生产经营活动的影响。

63. 调查人员采用非法方法收集的证据应当依法予以排除吗？

根据《监察法实施条例》第六十五条规定，对于调查人员采用暴力、威胁以及非法限制人身自由等非法方法收集的被调查人供述、证人证言、被害人陈述,应当依法予以排除。

前述暴力的方法,是指采用殴打、违法使用戒具等方法或者变相肉刑的恶劣手段,使人遭受难以忍受的痛苦而违背意愿作出供述、证言、陈述;威胁的方法,是指采用以暴力或者严重损害本人及其近亲属合法权益等进行威胁的方法,使人遭受难以忍受的痛苦而违背意愿作出供述、证言、陈述。

收集物证、书证不符合法定程序,可能严重影响案件公正处理的,应当予以补正或者作出合理解释;不能补正或者作出合理解释的,对该证据应当予以排除。

64. 开展调查工作有哪些程序性规定?

《监察法》第四十四条规定,调查人员采取讯问、询问、强制到案、责令候查、管护、留置、搜查、调取、查封、扣押、勘验检查等调查措施,均应当依照规定出示证件,出具书面通知,由二人以上进行,形成笔录、报告等书面材料,并由相关人员签名、盖章。

调查人员进行讯问以及搜查、查封、扣押等重要取证工作,应当对全过程进行录音录像,留存备查。

65. 调查人员应当如何执行调查方案?

《监察法》第四十五条规定,调查人员应当严格执行调查方案,不得随意扩大调查范围、变更调查对象和事项。

对调查过程中的重要事项,应当集体研究后按程序请示报告。

66. 强制到案、责令候查、管护措施的期限是多久?

《监察法》第四十六条规定,采取强制到案、责令候查或者管护措施,应当按照规定的权限和程序,经监察机关主要负责人批准。

强制到案持续的时间不得超过十二小时;需要采取管护或者留置措施的,强制到案持续的时间不得超过二十四小时。不得以连续强制到案的方式变相拘禁被调查人。

责令候查最长不得超过十二个月。

监察机关采取管护措施的,应当在七日以内依法作出留置或者解除管护的决定,特殊情况下可以延长一日至三日。

67. 管护、留置期限如何折抵刑期?

《监察法》第五十条第四款规定,被管护人员、被留置人员涉嫌犯罪移送司法机关后,被依法判处管制、拘役或者有期徒刑的,管护、留置一日折抵管制二日,折抵拘役、有期徒刑一日。

68. 监察机关采取留置措施有哪些程序性规定?

《监察法》第四十七条规定,监察机关采取留置措施,应当由监察机关领导人员集体研究决定。设区的市级以下监察机关采取留置措施,应当报上一级监察机关批准。省级监察机关采取留置措施,应当报国家监察委员会备案。

69. 留置的期限是多久?

根据《监察法》第四十八条规定,留置时间不得超过三个月。在特殊情况下,可以延长一次,延长时间不得超过三个月。省级以下监察机关采取留置措施的,延长留置时间应当报上一级监察机关批准。

对涉嫌职务犯罪的被调查人可能判处十年有期徒刑以上刑罚,监察机关依照前述规定延长期限届满,仍不能调查终结的,经国家监察委员会批准或者决定,可以再延长二个月。

省级以上监察机关在调查期间,发现涉嫌职务犯罪的被调查人另有与留置时的罪行不同种的重大职务犯罪或者同种的影响罪名认定、量刑档次的重大职务犯罪,经国家监察委员会批准或者决定,自发现之日起依照《监察法》

第四十八条第一款的规定重新计算留置时间。留置时间重新计算以一次为限。

70. 如何保障被强制到案人员、被管护人员、被留置人员的权益？

《监察法》第五十条第一款至第三款规定，采取管护或者留置措施后，应当在二十四小时以内，通知被管护人员、被留置人员所在单位和家属，但有可能伪造、隐匿、毁灭证据，干扰证人作证或者串供等有碍调查情形的除外。有碍调查的情形消失后，应当立即通知被管护人员、被留置人员所在单位和家属。解除管护或者留置的，应当及时通知被管护人员、被留置人员所在单位和家属。

被管护人员、被留置人员及其近亲属有权申请变更管护、留置措施。监察机关收到申请后，应当在三日以内作出决定；不同意变更措施的，应当告知申请人，并说明不同意的理由。

监察机关应当保障被强制到案人员、被管护人员以及被留置人员的饮食、休息和安全，提供医疗服务。对其谈话、讯问的，应当合理安排时间和时长，谈话笔录、讯问笔录由被谈话人、被讯问人阅看后签名。

71. 什么情形下，可以变更监察强制措施？

根据《监察法》第四十八条第一款、第五十条第二款规定，监察机关发现采取留置措施不当或者不需要继续采取留置措施的，应当及时解除或者变更为责令候查措施。

被管护人员、被留置人员及其近亲属有权申请变更管护、留置措施。监察机关收到申请后，应当在三日以内作出决定；不同意变更措施的，应当告知申请人，并说明不同意的理由。

72. 监察机关如何形成审理报告？

《监察法》第五十一条规定，监察机关在调查工作结束后，应当依法对案件事实和证据、性质认定、程序手续、涉案财物等进行全面审理，形成审理报告，提请集体审议。

《中国共产党纪律检查机关监督执纪工作规则》第五十五条第一款第六项规定，审理工作结束后应当形成审理报告，内容包括被审查调查人基本情况、审查调查简况、违纪违法或者职务犯罪事实、涉案财物处置、监督检查或者审查调查部门意见、审理意见等。审理报告应当体现党内审查特色，依据《中国共产党纪律处分条例》认定违纪事实性质，分析被审查调查人违反党章、背离党的性质宗旨的错误本质，反映其态度、认识以及思想转变过程。涉嫌职务犯罪需要追究刑事责任的，还应当形成《起诉意见书》，作为审理报告附件。

《中国共产党纪律检查机关监督执纪工作

规则》第五十六条第一款规定，审理报告报经纪检监察机关主要负责人批准后，提请纪委常委会会议审议。需报同级党委审批的，应当在报批前以纪检监察机关办公厅（室）名义征求同级党委组织部门和被审查调查人所在党委（党组）意见。

73. 监察机关如何根据监督、调查结果，依法作出处置？

《监察法》第五十二条规定，监察机关根据监督、调查结果，依法作出如下处置：

（1）对有职务违法行为但情节较轻的公职人员，按照管理权限，直接或者委托有关机关、人员，进行谈话提醒、批评教育、责令检查，或者予以诫勉；

（2）对违法的公职人员依照法定程序作出警告、记过、记大过、降级、撤职、开除等政务处分决定；

（3）对不履行或者不正确履行职责负有责

任的领导人员，按照管理权限对其直接作出问责决定，或者向有权作出问责决定的机关提出问责建议；

（4）对涉嫌职务犯罪的，监察机关经调查认为犯罪事实清楚，证据确实、充分的，制作起诉意见书，连同案卷材料、证据一并移送人民检察院依法审查、提起公诉；

（5）对监察对象所在单位廉政建设和履行职责存在的问题等提出监察建议。

监察机关经调查，对没有证据证明被调查人存在违法犯罪行为的，应当撤销案件，并通知被调查人所在单位。

74. 监察机关如何处置涉案财物？

《监察法》第五十三条规定，监察机关经调查，对违法取得的财物，依法予以没收、追缴或者责令退赔；对涉嫌犯罪取得的财物，应当随案移送人民检察院。

75. 检察机关对监察机关移送的案件应当如何处理？

根据《监察法》第五十四条规定，对监察机关移送的案件，人民检察院依照《刑事诉讼法》对被调查人采取强制措施。

人民检察院经审查，认为犯罪事实已经查清，证据确实、充分，依法应当追究刑事责任的，应当作出起诉决定。

人民检察院经审查，认为需要补充核实的，应当退回监察机关补充调查，必要时可以自行补充侦查。对于补充调查的案件，应当在一个月内补充调查完毕。补充调查以二次为限。

人民检察院对于有《刑事诉讼法》规定的不起诉的情形的，经上一级人民检察院批准，依法作出不起诉的决定。监察机关认为不起诉的决定有错误的，可以向上一级人民检察院提请复议。

76. 被调查人逃匿或者死亡的，如何处理？

《监察法》第五十五条规定，监察机关在调查贪污贿赂、失职渎职等职务犯罪案件过程中，被调查人逃匿或者死亡，有必要继续调查的，应当继续调查并作出结论。被调查人逃匿，在通缉一年后不能到案，或者死亡的，由监察机关提请人民检察院依照法定程序，向人民法院提出没收违法所得的申请。

77. 监察对象对监察机关作出的涉及本人的处理决定不服的，怎么办？

《监察法》第五十六条规定，监察对象对监察机关作出的涉及本人的处理决定不服的，可以在收到处理决定之日起一个月内，向作出决定的监察机关申请复审，复审机关应当在一个月内作出复审决定；监察对象对复审决定仍不服的，可以在收到复审决定之日起一个月内，向上一级监察机关申请复核，复核机关应当在二个月内作出复核决定。复审、复核期间,不停止原处理决定的执行。复核机关经审查,认定处理决定有错误的,原处理机关应当及时予以纠正。

第六章 反腐败国际合作

78. 国家监察委员会如何统筹协调反腐败国际交流、合作？

《监察法》第五十七条规定，国家监察委员会统筹协调与其他国家、地区、国际组织开展的反腐败国际交流、合作，组织反腐败国际条约实施工作。第五十八条规定，国家监察委员会会同有关单位加强与有关国家、地区、国际组织在反腐败方面开展引渡、移管被判刑人、遣返、联合调查、调查取证、资产追缴和信息交流等执法司法合作和司法协助。

《监察法实施条例》第二百三十四条第二款、第三款规定，国家监察委员会组织《联合国反腐败公约》等反腐败国际条约的实施以及履约审议等工作，承担《联合国反腐败公约》

司法协助中央机关有关工作。

国家监察委员会组织协调有关单位建立集中统一、高效顺畅的反腐败国际追逃追赃和防逃协调机制，统筹协调、督促指导各级监察机关反腐败国际追逃追赃等涉外案件办理工作，具体履行下列职责：

（1）制定反腐败国际追逃追赃和防逃工作计划，研究工作中的重要问题；

（2）组织协调反腐败国际追逃追赃等重大涉外案件办理工作；

（3）办理由国家监察委员会管辖的涉外案件；

（4）指导地方各级监察机关依法开展涉外案件办理工作；

（5）汇总和通报全国职务犯罪外逃案件信息和追逃追赃工作信息；

（6）建立健全反腐败国际追逃追赃和防逃合作网络；

（7）承担监察机关开展国际刑事司法协助

的主管机关职责;

(8)承担其他与反腐败国际追逃追赃等涉外案件办理工作相关的职责。

79. 国家监察委员会如何加强对反腐败国际追逃追赃和防逃工作的组织协调？

《监察法》第五十九条规定，国家监察委员会加强对反腐败国际追逃追赃和防逃工作的组织协调，督促有关单位做好相关工作：

(1)对于重大贪污贿赂、失职渎职等职务犯罪案件，被调查人逃匿到国（境）外，掌握证据比较确凿的，通过开展境外追逃合作，追捕归案；

(2)向赃款赃物所在国请求查询、冻结、扣押、没收、追缴、返还涉案资产；

(3)查询、监控涉嫌职务犯罪的公职人员及其相关人员进出国（境）和跨境资金流动情况，在调查案件过程中设置防逃程序。

第七章　对监察机关和监察人员的监督

80. 各级人民代表大会及其常务委员会如何对监察工作实行监督？

《监察法》第六十条规定，各级监察委员会应当接受本级人民代表大会及其常务委员会的监督。

各级人民代表大会常务委员会听取和审议本级监察委员会的专项工作报告，组织执法检查。

县级以上各级人民代表大会及其常务委员会举行会议时，人民代表大会代表或者常务委员会组成人员可以依照法律规定的程序，就监察工作中的有关问题提出询问或者质询。

81. 监察机关应当公开监察工作信息吗？

《监察法》第六十一条规定，监察机关应当依法公开监察工作信息，接受民主监督、社会监督、舆论监督。

82. 哪些监察工作信息应当向社会公开？

《监察法实施条例》第二百五十五条规定，各级监察机关应当通过互联网政务媒体、报刊、广播、电视等途径，向社会及时准确公开下列监察工作信息：（1）监察法规；（2）依法应当向社会公开的案件调查信息；（3）检举控告地址、电话、网站等信息；（4）其他依法应当公开的信息。

83. 监察机关如何聘请特约监察员？

《监察法》第六十二条规定，监察机关根据工作需要，可以从各方面代表中聘请特约监察员。特约监察员按照规定对监察机关及其工作人员履行职责情况实行监督。

84. 监察机关如何加强对监察人员的监督？

《监察法》第六十三条规定，监察机关通过设立内部专门的监督机构等方式，加强对监察人员执行职务和遵守法律情况的监督，建设忠诚、干净、担当的监察队伍。

85. 什么情形下，可以对监察人员采取禁闭措施？

根据《监察法》第六十四条规定，监察人员涉嫌严重职务违法或者职务犯罪，为防止造成更为严重的后果或者恶劣影响，监察机关经依法审批，可以对其采取禁闭措施。禁闭的期限不得超过七日。

被禁闭人员应当配合监察机关调查。监察机关经调查发现被禁闭人员符合管护或者留置条件的，可以对其采取管护或者留置措施。

本法第五十条关于管护和留置措施的规定,适用于禁闭措施。

86. 监察人员应当履行哪些义务?

《监察法》第六十五条规定,监察人员必须模范遵守宪法和法律,忠于职守、秉公执法,清正廉洁、保守秘密;必须具有良好的政治素质,熟悉监察业务,具备运用法律、法规、政策和调查取证等能力,自觉接受监督。

87. 监察人员应当如何遵守保密义务?

《监察法》第六十八条第一款规定,监察机关涉密人员离岗离职后,应当遵守脱密期管理规定,严格履行保密义务,不得泄露相关秘密。

《监察法实施条例》第二百六十七条规定,监察机关应当严格执行保密制度,控制监察事项知悉范围和时间。监察人员不准私自留存、隐匿、查阅、摘抄、复制、携带问题线索和涉案资料，严禁泄露监察工作秘密。监察机关应当建立健全检举控告保密制度，对检举控告人的姓名（单位名称）、工作单位、住址、电话和邮箱等有关情况以及检举控告内容必须严格保密。

88. 监察人员辞职、退休后，有什么从业限制？

《监察法》第六十八条第二款规定，监察人员辞职、退休三年内，不得从事与监察和司法工作相关联且可能发生利益冲突的职业。

《监察法实施条例》第二百六十九条规定，监察人员离任三年以内，不得从事与监察和司法工作相关联且可能发生利益冲突的职业。监察人员离任后，不得担任原任职监察机关办理案件的诉讼代理人或者辩护人，但是作为当事人的监护人或者近亲属代理诉讼或者进行辩护的除外。

89. 监察人员打听案情、过问案件、说情干预的，应当如何处理？

《监察法》第六十六条规定，对于监察人员打听案情、过问案件、说情干预的，办理监察事项的监察人员应当及时报告。有关情况应当登记备案。

发现办理监察事项的监察人员未经批准接触被调查人、涉案人员及其特定关系人，或者存在交往情形的，知情人应当及时报告。有关情况应当登记备案。

90. 在哪些情形下，办理监察事项的监察人员应当回避？

《监察法》第六十七条规定，办理监察事项的监察人员有下列情形之一的，应当自行回避，监察对象、检举人及其他有关人员也有权要求其回避：

（1）是监察对象或者检举人的近亲属的；

（2）担任过本案的证人的；

（3）本人或者其近亲属与办理的监察事项有利害关系的；

（4）有可能影响监察事项公正处理的其他情形。

91. 监察机关及其工作人员侵害被调查人合法权益的，可以申诉吗？

《监察法》第六十九条第一款规定，监察机关及其工作人员有下列行为之一的，被调查人及其近亲属、利害关系人有权向该机关申诉：

（1）采取强制到案、责令候查、管护、留置或者禁闭措施法定期限届满，不予以解除或者变更的；

（2）查封、扣押、冻结与案件无关或者明显超出涉案范围的财物的；

（3）应当解除查封、扣押、冻结措施而不解除的；

（4）贪污、挪用、私分、调换或者违反规定使用查封、扣押、冻结的财物的；

（5）利用职权非法干扰企业生产经营或者侵害企业经营者人身权利、财产权利和其他合法权益的；

（6）其他违反法律法规、侵害被调查人合法权益的行为。

92. 受理申诉的监察机关作出处理决定的期限是多久？

根据《监察法》第六十九条第二款规定，受理申诉的监察机关应当在受理申诉之日起一个月内作出处理决定。

93. 申诉人对处理决定不服的，怎么办？

根据《监察法》第六十九条第二款规定，申诉人对处理决定不服的，可以在收到处理决定之日起一个月内向上一级监察机关申请复查，上一级监察机关应当在收到复查申请之日起二个月内作出处理决定，情况属实的，及时予以纠正。

94. 对调查工作结束后发现立案依据不充分或者失实，案件处置出现重大失误，监察人员严重违法的，如何处理？

《监察法》第七十条规定，对调查工作结束后发现立案依据不充分或者失实，案件处置出现重大失误，监察人员严重违法的，应当追究负有责任的领导人员和直接责任人员的责任。

第八章 法律责任

95. 有关单位拒不执行监察机关作出的处理决定，或者无正当理由拒不采纳监察建议的，如何处理？

《监察法》第七十一条规定，有关单位拒不执行监察机关作出的处理决定，或者无正当理由拒不采纳监察建议的，由其主管部门、上级机关责令改正，对单位给予通报批评；对负有责任的领导人员和直接责任人员依法给予处理。

根据《监察法实施条例》第二百七十四条规定，上述"有关单位拒不执行监察机关作出的处理决定"具体包括：（1）政务处分决定；（2）问责决定；（3）谈话提醒、批评教育、责令检查，或者予以诫勉的决定；（4）采取调查措施的决定；(5) 复审、复核决定；(6) 监察机关依法作出的其他处理决定。

96. 哪些阻碍、干扰监察工作的行为要依法给予处理？

《监察法》第七十二条规定，有关人员违反本法规定，有下列行为之一的，由其所在单位、主管部门、上级机关或者监察机关责令改正，依法给予处理：

（1）不按要求提供有关材料，拒绝、阻碍调查措施实施等拒不配合监察机关调查的；

（2）提供虚假情况，掩盖事实真相的；

（3）串供或者伪造、隐匿、毁灭证据的；

（4）阻止他人揭发检举、提供证据的；

（5）其他违反本法规定的行为，情节严重的。

97. 对控告人、检举人、证人或者监察人员进行报复陷害的，如何处理？

根据《监察法》第七十三条规定，监察对象对控告人、检举人、证人或者监察人员进行报复陷害的，依法给予处理。

《监察官法》第五十七条规定，监察官的职业尊严和人身安全受法律保护。任何单位和个人不得对监察官及其近亲属打击报复。对监察官及其近亲属实施报复陷害、侮辱诽谤、暴力侵害、威胁恐吓、滋事骚扰等违法犯罪行为的，应当依法从严惩治。

《监察法实施条例》第二百七十五条规定，监察对象对控告人、申诉人、批评人、检举人、证人、监察人员进行打击、压制等报复陷害的，监察机关应当依法给予政务处分。构成犯罪的，依法追究刑事责任。

《刑法》第二百五十四条规定了报复陷害罪，国家机关工作人员滥用职权、假公济私，对控告人、申诉人、批评人、举报人实行报复陷害的,处二年以下有期徒刑或者拘役;情节严重的,处二年以上七年以下有期徒刑。第三百零八条规定了打击报复证人罪,对证人进行打击报复的,处三年以下有期徒刑或者拘役;情节严重的,处三年以上七年以下有期徒刑。

98. 控告人、检举人、证人捏造事实诬告陷害监察对象的,如何处理?

根据《监察法》第七十三条规定,控告人、检举人、证人捏造事实诬告陷害监察对象的,依法给予处理。

《监察法实施条例》第二百七十六条规定,控告人、检举人、证人采取捏造事实、伪造材料等方式诬告陷害的,监察机关应当依法给予政务处分,或者移送有关机关处理。构成犯罪的,依法追究刑事责任。监察人员因依法履行职责遭受不实举报、诬告陷害、侮辱诽谤,致使名誉受到损害的,监察机关应当会同有关部门及时澄清事实，消除不良影响，并依法追究相关单位或者个人的责任。

《刑法》第二百四十三条规定了诬告陷害罪，捏造事实诬告陷害他人，意图使他人受刑事追究，情节严重的，处三年以下有期徒刑、拘役或者管制；造成严重后果的，处三年以上十年以下有期徒刑。国家机关工作人员犯该罪的，从重处罚。不是有意诬陷，而是错告，或者检举失实的，不适用前述规定。

99. 监察机关及其工作人员滥用职权、玩忽职守、徇私舞弊的，如何处理？

《监察法》第七十四条规定，监察机关及其工作人员有下列行为之一的，对负有责任的领导人员和直接责任人员依法给予处理：

（1）未经批准、授权处置问题线索，发现重大案情隐瞒不报，或者私自留存、处理涉案材料的；

（2）利用职权或者职务上的影响干预调查

第八章 法律责任

工作、以案谋私的;

(3) 违法窃取、泄露调查工作信息,或者泄露举报事项、举报受理情况以及举报人信息的;

(4) 对被调查人或者涉案人员逼供、诱供,或者侮辱、打骂、虐待、体罚或者变相体罚的;

(5) 违反规定处置查封、扣押、冻结的财物的;

(6) 违反规定发生办案安全事故,或者发生安全事故后隐瞒不报、报告失实、处置不当的;

(7) 违反规定采取强制到案、责令候查、管护、留置或者禁闭措施,或者法定期限届满,不予以解除或者变更的;

(8) 违反规定采取技术调查、限制出境措施,或者不按规定解除技术调查、限制出境措施的;

(9) 利用职权非法干扰企业生产经营或者

侵害企业经营者人身权利、财产权利和其他合法权益的;

(10)其他滥用职权、玩忽职守、徇私舞弊的行为。

《监察法实施条例》第二百七十九条规定,对监察人员在履行职责中存在违法行为的,可以根据情节轻重,依法进行谈话提醒、批评教育、责令检查、诫勉,或者给予政务处分。构成犯罪的,依法追究刑事责任。

100. 什么情形下,应当给予国家赔偿?

《监察法》第七十六条规定,监察机关及其工作人员行使职权,侵犯公民、法人和其他组织的合法权益造成损害的,依法给予国家赔偿。

《监察法实施条例》第二百八十条第一款规定,监察机关及其工作人员在行使职权时,有下列情形之一的,受害人可以申请国家赔偿:

（1）采取留置措施后，决定撤销案件的；

（2）违法没收、追缴或者违法查封、扣押、冻结财物造成损害的；

（3）违法行使职权，造成被调查人、涉案人员或者证人身体伤害或者死亡的；

（4）非法剥夺他人人身自由的；

（5）其他侵犯公民、法人和其他组织合法权益造成损害的。

101. 受害人死亡，或者受害的法人、其他组织终止的，谁有权要求赔偿？

《监察法实施条例》第二百八十条第二款规定，受害人死亡的，其继承人和其他有扶养关系的亲属有权要求赔偿；受害的法人或者其他组织终止的，其权利承受人有权要求赔偿。

102. 如何确定赔偿义务机关？赔偿方式是怎样的？

《监察法实施条例》第二百八十一条规定，

监察机关及其工作人员违法行使职权侵犯公民、法人和其他组织的合法权益造成损害的,该机关为赔偿义务机关。申请赔偿应当向赔偿义务机关提出,由该机关负责复审复核工作的部门受理。

赔偿以支付赔偿金为主要方式。能够返还财产或者恢复原状的,予以返还财产或者恢复原状。

附　录

中华人民共和国监察法

（2018年3月20日第十三届全国人民代表大会第一次会议通过　根据2024年12月25日第十四届全国人民代表大会常务委员会第十三次会议《关于修改〈中华人民共和国监察法〉的决定》修正）

第一章　总　　则

第一条　为了深入开展廉政建设和反腐败工作，加强对所有行使公权力的公职人员的监督，实现国家监察全面覆盖，持续深化国家监察体制改革，推进国家治理体系和治理能力现代化，根据宪法，制定本法。

第二条 坚持中国共产党对国家监察工作的领导,以马克思列宁主义、毛泽东思想、邓小平理论、"三个代表"重要思想、科学发展观、习近平新时代中国特色社会主义思想为指导,构建集中统一、权威高效的中国特色国家监察体制。

第三条 各级监察委员会是行使国家监察职能的专责机关,依照本法对所有行使公权力的公职人员(以下称公职人员)进行监察,调查职务违法和职务犯罪,开展廉政建设和反腐败工作,维护宪法和法律的尊严。

第四条 监察委员会依照法律规定独立行使监察权,不受行政机关、社会团体和个人的干涉。

监察机关办理职务违法和职务犯罪案件,应当与审判机关、检察机关、执法部门互相配合,互相制约。

监察机关在工作中需要协助的,有关机关和单位应当根据监察机关的要求依法予以协助。

第五条 国家监察工作严格遵照宪法和法律,以事实为根据,以法律为准绳;权责对等,严格监督;遵守法定程序,公正履行职责;尊重和保障人权,在适用法律上一律平等,保障监察对象及相关人员的合法权益;惩戒与教育相结合,宽严相济。

第六条 国家监察工作坚持标本兼治、综合治理,强化监督问责,严厉惩治腐败;深化改革、健全法治,有效制约和监督权力;加强法治教育和道德教育,弘扬中华优秀传统文化,构建不敢腐、不能腐、不想腐的长效机制。

第二章 监察机关及其职责

第七条 中华人民共和国国家监察委员会是最高监察机关。

省、自治区、直辖市、自治州、县、自治县、市、市辖区设立监察委员会。

第八条 国家监察委员会由全国人民代表

大会产生，负责全国监察工作。

国家监察委员会由主任、副主任若干人、委员若干人组成，主任由全国人民代表大会选举，副主任、委员由国家监察委员会主任提请全国人民代表大会常务委员会任免。

国家监察委员会主任每届任期同全国人民代表大会每届任期相同，连续任职不得超过两届。

国家监察委员会对全国人民代表大会及其常务委员会负责，并接受其监督。

第九条 地方各级监察委员会由本级人民代表大会产生，负责本行政区域内的监察工作。

地方各级监察委员会由主任、副主任若干人、委员若干人组成，主任由本级人民代表大会选举，副主任、委员由监察委员会主任提请本级人民代表大会常务委员会任免。

地方各级监察委员会主任每届任期同本级人民代表大会每届任期相同。

地方各级监察委员会对本级人民代表大会

及其常务委员会和上一级监察委员会负责，并接受其监督。

第十条　国家监察委员会领导地方各级监察委员会的工作，上级监察委员会领导下级监察委员会的工作。

第十一条　监察委员会依照本法和有关法律规定履行监督、调查、处置职责：

（一）对公职人员开展廉政教育，对其依法履职、秉公用权、廉洁从政从业以及道德操守情况进行监督检查；

（二）对涉嫌贪污贿赂、滥用职权、玩忽职守、权力寻租、利益输送、徇私舞弊以及浪费国家资财等职务违法和职务犯罪进行调查；

（三）对违法的公职人员依法作出政务处分决定；对履行职责不力、失职失责的领导人员进行问责；对涉嫌职务犯罪的，将调查结果移送人民检察院依法审查、提起公诉；向监察对象所在单位提出监察建议。

第十二条　各级监察委员会可以向本级中国共产党机关、国家机关、中国人民政治协商会议委员会机关、法律法规授权或者委托管理公共事务的组织和单位以及辖区内特定区域、国有企业、事业单位等派驻或者派出监察机构、监察专员。

经国家监察委员会批准,国家监察委员会派驻本级实行垂直管理或者双重领导并以上级单位领导为主的单位、国有企业的监察机构、监察专员,可以向驻在单位的下一级单位再派出。

经国家监察委员会批准,国家监察委员会派驻监察机构、监察专员,可以向驻在单位管理领导班子的普通高等学校再派出;国家监察委员会派驻国务院国有资产监督管理机构的监察机构,可以向驻在单位管理领导班子的国有企业再派出。

监察机构、监察专员对派驻或者派出它的监察委员会或者监察机构、监察专员负责。

第十三条 派驻或者派出的监察机构、监察专员根据授权,按照管理权限依法对公职人员进行监督,提出监察建议,依法对公职人员进行调查、处置。

第十四条 国家实行监察官制度,依法确定监察官的等级设置、任免、考评和晋升等制度。

第三章 监察范围和管辖

第十五条 监察机关对下列公职人员和有关人员进行监察:

(一)中国共产党机关、人民代表大会及其常务委员会机关、人民政府、监察委员会、人民法院、人民检察院、中国人民政治协商会议各级委员会机关、民主党派机关和工商业联合会机关的公务员,以及参照《中华人民共和国公务员法》管理的人员;

(二)法律、法规授权或者受国家机关依法委托管理公共事务的组织中从事公务的人员;

(三)国有企业管理人员;

(四)公办的教育、科研、文化、医疗卫

生、体育等单位中从事管理的人员；

（五）基层群众性自治组织中从事管理的人员；

（六）其他依法履行公职的人员。

第十六条 各级监察机关按照管理权限管辖本辖区内本法第十五条规定的人员所涉监察事项。

上级监察机关可以办理下一级监察机关管辖范围内的监察事项，必要时也可以办理所辖各级监察机关管辖范围内的监察事项。

监察机关之间对监察事项的管辖有争议的，由其共同的上级监察机关确定。

第十七条 上级监察机关可以将其所管辖的监察事项指定下级监察机关管辖，也可以将下级监察机关有管辖权的监察事项指定给其他监察机关管辖。

监察机关认为所管辖的监察事项重大、复杂，需要由上级监察机关管辖的，可以报请上级监察机关管辖。

第四章 监察权限

第十八条 监察机关行使监督、调查职权,有权依法向有关单位和个人了解情况,收集、调取证据。有关单位和个人应当如实提供。

监察机关及其工作人员对监督、调查过程中知悉的国家秘密、工作秘密、商业秘密、个人隐私和个人信息,应当保密。

任何单位和个人不得伪造、隐匿或者毁灭证据。

第十九条 对可能发生职务违法的监察对象,监察机关按照管理权限,可以直接或者委托有关机关、人员进行谈话,或者进行函询,要求说明情况。

第二十条 在调查过程中,对涉嫌职务违法的被调查人,监察机关可以进行谈话,要求其就涉嫌违法行为作出陈述,必要时向被调查人出具书面通知。

对涉嫌贪污贿赂、失职渎职等职务犯罪的被调查人，监察机关可以进行讯问，要求其如实供述涉嫌犯罪的情况。

第二十一条　监察机关根据案件情况，经依法审批，可以强制涉嫌严重职务违法或者职务犯罪的被调查人到案接受调查。

第二十二条　在调查过程中，监察机关可以询问证人等人员。

第二十三条　被调查人涉嫌严重职务违法或者职务犯罪，并有下列情形之一的，经监察机关依法审批，可以对其采取责令候查措施：

（一）不具有本法第二十四条第一款所列情形的；

（二）符合留置条件，但患有严重疾病、生活不能自理的，系怀孕或者正在哺乳自己婴儿的妇女，或者生活不能自理的人的唯一扶养人；

（三）案件尚未办结，但留置期限届满或者对被留置人员不需要继续采取留置措施的；

（四）符合留置条件，但因为案件的特殊

情况或者办理案件的需要，采取责令候查措施更为适宜的。

被责令候查人员应当遵守以下规定：

（一）未经监察机关批准不得离开所居住的直辖市、设区的市的城市市区或者不设区的市、县的辖区；

（二）住址、工作单位和联系方式发生变动的，在二十四小时以内向监察机关报告；

（三）在接到通知的时候及时到案接受调查；

（四）不得以任何形式干扰证人作证；

（五）不得串供或者伪造、隐匿、毁灭证据。

被责令候查人员违反前款规定，情节严重的，可以依法予以留置。

第二十四条 被调查人涉嫌贪污贿赂、失职渎职等严重职务违法或者职务犯罪，监察机关已经掌握其部分违法犯罪事实及证据，仍有重要问题需要进一步调查，并有下列情形之一的，经监察机关依法审批，可以将其留置在特定场所：

（一）涉及案情重大、复杂的；

（二）可能逃跑、自杀的；

（三）可能串供或者伪造、隐匿、毁灭证据的；

（四）可能有其他妨碍调查行为的。

对涉嫌行贿犯罪或者共同职务犯罪的涉案人员，监察机关可以依照前款规定采取留置措施。

留置场所的设置、管理和监督依照国家有关规定执行。

第二十五条 对于未被留置的下列人员，监察机关发现存在逃跑、自杀等重大安全风险的，经依法审批，可以进行管护：

（一）涉嫌严重职务违法或者职务犯罪的自动投案人员；

（二）在接受谈话、函询、询问过程中，交代涉嫌严重职务违法或者职务犯罪问题的人员；

（三）在接受讯问过程中，主动交代涉嫌

重大职务犯罪问题的人员。

采取管护措施后,应当立即将被管护人员送留置场所,至迟不得超过二十四小时。

第二十六条 监察机关调查涉嫌贪污贿赂、失职渎职等严重职务违法或者职务犯罪,根据工作需要,可以依照规定查询、冻结涉案单位和个人的存款、汇款、债券、股票、基金份额等财产。有关单位和个人应当配合。

冻结的财产经查明与案件无关的,应当在查明后三日内解除冻结,予以退还。

第二十七条 监察机关可以对涉嫌职务犯罪的被调查人以及可能隐藏被调查人或者犯罪证据的人的身体、物品、住处和其他有关地方进行搜查。在搜查时,应当出示搜查证,并有被搜查人或者其家属等见证人在场。

搜查女性身体,应当由女性工作人员进行。

监察机关进行搜查时,可以根据工作需要提请公安机关配合。公安机关应当依法予以协助。

第二十八条 监察机关在调查过程中，可以调取、查封、扣押用以证明被调查人涉嫌违法犯罪的财物、文件和电子数据等信息。采取调取、查封、扣押措施，应当收集原物原件，会同持有人或者保管人、见证人，当面逐一拍照、登记、编号，开列清单，由在场人员当场核对、签名，并将清单副本交财物、文件的持有人或者保管人。

对调取、查封、扣押的财物、文件，监察机关应当设立专用账户、专门场所，确定专门人员妥善保管，严格履行交接、调取手续，定期对账核实，不得毁损或者用于其他目的。对价值不明物品应当及时鉴定，专门封存保管。

查封、扣押的财物、文件经查明与案件无关的，应当在查明后三日内解除查封、扣押，予以退还。

第二十九条 监察机关在调查过程中，可以直接或者指派、聘请具有专门知识的人在调查人员主持下进行勘验检查。勘验检查情况应当制作笔录，由参加勘验检查的人员和见证人签名或者盖章。

必要时,监察机关可以进行调查实验。调查实验情况应当制作笔录,由参加实验的人员签名或者盖章。

第三十条 监察机关在调查过程中,对于案件中的专门性问题,可以指派、聘请有专门知识的人进行鉴定。鉴定人进行鉴定后,应当出具鉴定意见,并且签名。

第三十一条 监察机关调查涉嫌重大贪污贿赂等职务犯罪,根据需要,经过严格的批准手续,可以采取技术调查措施,按照规定交有关机关执行。

批准决定应当明确采取技术调查措施的种类和适用对象,自签发之日起三个月以内有效;对于复杂、疑难案件,期限届满仍有必要继续采取技术调查措施的,经过批准,有效期可以延长,每次不得超过三个月。对于不需要继续采取技术调查措施的,应当及时解除。

第三十二条 依法应当留置的被调查人如果在逃,监察机关可以决定在本行政区域内通缉，由公安机关发布通缉令，追捕归案。通缉范围超出本行政区域的，应当报请有权决定的上级监察机关决定。

第三十三条　监察机关为防止被调查人及相关人员逃匿境外，经省级以上监察机关批准，可以对被调查人及相关人员采取限制出境措施，由公安机关依法执行。对于不需要继续采取限制出境措施的，应当及时解除。

第三十四条　涉嫌职务犯罪的被调查人主动认罪认罚，有下列情形之一的，监察机关经领导人员集体研究，并报上一级监察机关批准，可以在移送人民检察院时提出从宽处罚的建议：

（一）自动投案，真诚悔罪悔过的；

（二）积极配合调查工作，如实供述监察机关还未掌握的违法犯罪行为的；

（三）积极退赃，减少损失的；

（四）具有重大立功表现或者案件涉及国家重大利益等情形的。

第三十五条　职务违法犯罪的涉案人员揭

发有关被调查人职务违法犯罪行为，查证属实的，或者提供重要线索，有助于调查其他案件的，监察机关经领导人员集体研究，并报上一级监察机关批准，可以在移送人民检察院时提出从宽处罚的建议。

第三十六条 监察机关依照本法规定收集的物证、书证、证人证言、被调查人供述和辩解、视听资料、电子数据等证据材料，在刑事诉讼中可以作为证据使用。

监察机关在收集、固定、审查、运用证据时，应当与刑事审判关于证据的要求和标准相一致。

以非法方法收集的证据应当依法予以排除，不得作为案件处置的依据。

第三十七条 人民法院、人民检察院、公安机关、审计机关等国家机关在工作中发现公职人员涉嫌贪污贿赂、失职渎职等职务违法或者职务犯罪的问题线索，应当移送监察机关，由监察机关依法调查处置。

被调查人既涉嫌严重职务违法或者职务犯

罪，又涉嫌其他违法犯罪的，一般应当由监察机关为主调查，其他机关予以协助。

第五章　监察程序

第三十八条　监察机关对于报案或者举报，应当接受并按照有关规定处理。对于不属于本机关管辖的，应当移送主管机关处理。

第三十九条　监察机关应当严格按照程序开展工作，建立问题线索处置、调查、审理各部门相互协调、相互制约的工作机制。

监察机关应当加强对调查、处置工作全过程的监督管理，设立相应的工作部门履行线索管理、监督检查、督促办理、统计分析等管理协调职能。

第四十条　监察机关对监察对象的问题线索，应当按照有关规定提出处置意见，履行审批手续，进行分类办理。线索处置情况应当定期汇总、通报，定期检查、抽查。

第四十一条　需要采取初步核实方式处置

问题线索的，监察机关应当依法履行审批程序，成立核查组。初步核实工作结束后，核查组应当撰写初步核实情况报告，提出处理建议。承办部门应当提出分类处理意见。初步核实情况报告和分类处理意见报监察机关主要负责人审批。

第四十二条 经过初步核实，对监察对象涉嫌职务违法犯罪，需要追究法律责任的，监察机关应当按照规定的权限和程序办理立案手续。

监察机关主要负责人依法批准立案后，应当主持召开专题会议，研究确定调查方案，决定需要采取的调查措施。

立案调查决定应当向被调查人宣布，并通报相关组织。涉嫌严重职务违法或者职务犯罪的，应当通知被调查人家属，并向社会公开发布。

第四十三条 监察机关对职务违法和职务犯罪案件，应当进行调查，收集被调查人有无违法犯罪以及情节轻重的证据，查明违法犯罪事实，形成相互印证、完整稳定的证据链。

调查人员应当依法文明规范开展调查工作。严禁以暴力、威胁、引诱、欺骗及其他非法方式收集证据，严禁侮辱、打骂、虐待、体罚或者变相体罚被调查人和涉案人员。

监察机关及其工作人员在履行职责过程中应当依法保护企业产权和自主经营权，严禁利用职权非法干扰企业生产经营。需要企业经营者协助调查的，应当保障其人身权利、财产权利和其他合法权益，避免或者尽量减少对企业正常生产经营活动的影响。

第四十四条 调查人员采取讯问、询问、强制到案、责令候查、管护、留置、搜查、调取、查封、扣押、勘验检查等调查措施，均应当依照规定出示证件，出具书面通知，由二人以上进行，形成笔录、报告等书面材料，并由相关人员签名、盖章。

调查人员进行讯问以及搜查、查封、扣押等重要取证工作，应当对全过程进行录音录像，留存备查。

第四十五条 调查人员应当严格执行调查方案,不得随意扩大调查范围、变更调查对象和事项。

对调查过程中的重要事项,应当集体研究后按程序请示报告。

第四十六条 采取强制到案、责令候查或者管护措施,应当按照规定的权限和程序,经监察机关主要负责人批准。

强制到案持续的时间不得超过十二小时;需要采取管护或者留置措施的,强制到案持续的时间不得超过二十四小时。不得以连续强制到案的方式变相拘禁被调查人。

责令候查最长不得超过十二个月。

监察机关采取管护措施的,应当在七日以内依法作出留置或者解除管护的决定,特殊情况下可以延长一日至三日。

第四十七条 监察机关采取留置措施,应当由监察机关领导人员集体研究决定。设区的市级以下监察机关采取留置措施,应当报上一级监察机关批准。省级监察机关采取留置措施,应当报国家监察委员会备案。

第四十八条 留置时间不得超过三个月。在特殊情况下,可以延长一次,延长时间不得超过三个月。省级以下监察机关采取留置措施的,延长留置时间应当报上一级监察机关批准。监察机关发现采取留置措施不当或者不需要继续采取留置措施的,应当及时解除或者变更为责令候查措施。

对涉嫌职务犯罪的被调查人可能判处十年有期徒刑以上刑罚,监察机关依照前款规定延长期限届满,仍不能调查终结的,经国家监察委员会批准或者决定,可以再延长二个月。

省级以上监察机关在调查期间,发现涉嫌职务犯罪的被调查人另有与留置时的罪行不同种的重大职务犯罪或者同种的影响罪名认定、量刑档次的重大职务犯罪,经国家监察委员会批准或者决定,自发现之日起依照本条第一款的规定重新计算留置时间。留置时间重新计算以一次为限。

第四十九条 监察机关采取强制到案、责令候查、管护、留置措施，可以根据工作需要提请公安机关配合。公安机关应当依法予以协助。

省级以下监察机关留置场所的看护勤务由公安机关负责，国家监察委员会留置场所的看护勤务由国家另行规定。留置看护队伍的管理依照国家有关规定执行。

第五十条 采取管护或者留置措施后，应当在二十四小时以内，通知被管护人员、被留置人员所在单位和家属，但有可能伪造、隐匿、毁灭证据，干扰证人作证或者串供等有碍调查情形的除外。有碍调查的情形消失后，应当立即通知被管护人员、被留置人员所在单位和家属。解除管护或者留置的，应当及时通知被管护人员、被留置人员所在单位和家属。

被管护人员、被留置人员及其近亲属有权申请变更管护、留置措施。监察机关收到申请后，应当在三日以内作出决定；不同意变更措施的，应当告知申请人，并说明不同意的理由。

监察机关应当保障被强制到案人员、被管护人员以及被留置人员的饮食、休息和安全，提供医疗服务。对其谈话、讯问的，应当合理安排时间和时长，谈话笔录、讯问笔录由被谈话人、被讯问人阅看后签名。

被管护人员、被留置人员涉嫌犯罪移送司法机关后，被依法判处管制、拘役或者有期徒刑的，管护、留置一日折抵管制二日，折抵拘役、有期徒刑一日。

第五十一条 监察机关在调查工作结束后，应当依法对案件事实和证据、性质认定、程序手续、涉案财物等进行全面审理，形成审理报告，提请集体审议。

第五十二条 监察机关根据监督、调查结果，依法作出如下处置：

（一）对有职务违法行为但情节较轻的公职人员，按照管理权限，直接或者委托有关机关、人员，进行谈话提醒、批评教育、责令检查，或者予以诫勉；

（二）对违法的公职人员依照法定程序作

出警告、记过、记大过、降级、撤职、开除等政务处分决定；

（三）对不履行或者不正确履行职责负有责任的领导人员，按照管理权限对其直接作出问责决定，或者向有权作出问责决定的机关提出问责建议；

（四）对涉嫌职务犯罪的，监察机关经调查认为犯罪事实清楚，证据确实、充分的，制作起诉意见书，连同案卷材料、证据一并移送人民检察院依法审查、提起公诉；

（五）对监察对象所在单位廉政建设和履行职责存在的问题等提出监察建议。

监察机关经调查，对没有证据证明被调查人存在违法犯罪行为的，应当撤销案件，并通知被调查人所在单位。

第五十三条 监察机关经调查，对违法取得的财物，依法予以没收、追缴或者责令退赔；对涉嫌犯罪取得的财物，应当随案移送人民检察院。

第五十四条 对监察机关移送的案件，人民检察院依照《中华人民共和国刑事诉讼法》对被调查人采取强制措施。

人民检察院经审查，认为犯罪事实已经查清，证据确实、充分，依法应当追究刑事责任的，应当作出起诉决定。

人民检察院经审查，认为需要补充核实的，应当退回监察机关补充调查，必要时可以自行补充侦查。对于补充调查的案件，应当在一个月内补充调查完毕。补充调查以二次为限。

人民检察院对于有《中华人民共和国刑事诉讼法》规定的不起诉的情形的，经上一级人民检察院批准，依法作出不起诉的决定。监察机关认为不起诉的决定有错误的，可以向上一级人民检察院提请复议。

第五十五条 监察机关在调查贪污贿赂、失职渎职等职务犯罪案件过程中，被调查人逃匿或者死亡，有必要继续调查的，应当继续调查并作出结论。被调查人逃匿，在通缉一年后不能到案，或者死亡的，由监察机关提请人民检察院依照法定程序，向人民法院提出没收违法所得的申请。

第五十六条　监察对象对监察机关作出的涉及本人的处理决定不服的，可以在收到处理决定之日起一个月内，向作出决定的监察机关申请复审，复审机关应当在一个月内作出复审决定；监察对象对复审决定仍不服的，可以在收到复审决定之日起一个月内，向上一级监察机关申请复核，复核机关应当在二个月内作出复核决定。复审、复核期间，不停止原处理决定的执行。复核机关经审查，认定处理决定有错误的，原处理机关应当及时予以纠正。

第六章　反腐败国际合作

第五十七条　国家监察委员会统筹协调与其他国家、地区、国际组织开展的反腐败国际交流、合作，组织反腐败国际条约实施工作。

第五十八条　国家监察委员会会同有关单位加强与有关国家、地区、国际组织在反腐败方面开展引渡、移管被判刑人、遣返、联合调查、调查取证、资产追缴和信息交流等执法司法合作和司法协助。

第五十九条　国家监察委员会加强对反腐败国际追逃追赃和防逃工作的组织协调，督促有关单位做好相关工作：

（一）对于重大贪污贿赂、失职渎职等职务犯罪案件，被调查人逃匿到国（境）外，掌握证据比较确凿的，通过开展境外追逃合作，追捕归案；

（二）向赃款赃物所在国请求查询、冻结、扣押、没收、追缴、返还涉案资产；

（三）查询、监控涉嫌职务犯罪的公职人员及其相关人员进出国（境）和跨境资金流动情况，在调查案件过程中设置防逃程序。

第七章　对监察机关和监察人员的监督

第六十条　各级监察委员会应当接受本级人民代表大会及其常务委员会的监督。

各级人民代表大会常务委员会听取和审议本级监察委员会的专项工作报告,组织执法检查。

县级以上各级人民代表大会及其常务委员会举行会议时,人民代表大会代表或者常务委员会组成人员可以依照法律规定的程序,就监察工作中的有关问题提出询问或者质询。

第六十一条 监察机关应当依法公开监察工作信息,接受民主监督、社会监督、舆论监督。

第六十二条 监察机关根据工作需要,可以从各方面代表中聘请特约监察员。特约监察员按照规定对监察机关及其工作人员履行职责情况实行监督。

第六十三条 监察机关通过设立内部专门的监督机构等方式,加强对监察人员执行职务和遵守法律情况的监督,建设忠诚、干净、担当的监察队伍。

第六十四条 监察人员涉嫌严重职务违法或者职务犯罪,为防止造成更为严重的后果或者恶劣影响，监察机关经依法审批，可以对其采取禁闭措施。禁闭的期限不得超过七日。

被禁闭人员应当配合监察机关调查。监察机关经调查发现被禁闭人员符合管护或者留置条件的，可以对其采取管护或者留置措施。

本法第五十条的规定，适用于禁闭措施。

第六十五条 监察人员必须模范遵守宪法和法律，忠于职守、秉公执法，清正廉洁、保守秘密；必须具有良好的政治素质，熟悉监察业务，具备运用法律、法规、政策和调查取证等能力，自觉接受监督。

第六十六条 对于监察人员打听案情、过问案件、说情干预的，办理监察事项的监察人员应当及时报告。有关情况应当登记备案。

发现办理监察事项的监察人员未经批准接触被调查人、涉案人员及其特定关系人，或者存在交往情形的，知情人应当及时报告。有关情况应当登记备案。

第六十七条 办理监察事项的监察人员有下列情形之一的，应当自行回避，监察对象、检举人及其他有关人员也有权要求其回避：

（一）是监察对象或者检举人的近亲属的；

（二）担任过本案的证人的；

（三）本人或者其近亲属与办理的监察事项有利害关系的；

（四）有可能影响监察事项公正处理的其他情形的。

第六十八条 监察机关涉密人员离岗离职后，应当遵守脱密期管理规定，严格履行保密义务，不得泄露相关秘密。

监察人员辞职、退休三年内，不得从事与监察和司法工作相关联且可能发生利益冲突的职业。

第六十九条 监察机关及其工作人员有下列行为之一的，被调查人及其近亲属、利害关系人有权向该机关申诉：

（一）采取强制到案、责令候查、管护、留置或者禁闭措施法定期限届满，不予以解除或者变更的；

（二）查封、扣押、冻结与案件无关或者

明显超出涉案范围的财物的；

（三）应当解除查封、扣押、冻结措施而不解除的；

（四）贪污、挪用、私分、调换或者违反规定使用查封、扣押、冻结的财物的；

（五）利用职权非法干扰企业生产经营或者侵害企业经营者人身权利、财产权利和其他合法权益的；

（六）其他违反法律法规、侵害被调查人合法权益的行为。

受理申诉的监察机关应当在受理申诉之日起一个月内作出处理决定。申诉人对处理决定不服的，可以在收到处理决定之日起一个月内向上一级监察机关申请复查，上一级监察机关应当在收到复查申请之日起二个月内作出处理决定，情况属实的，及时予以纠正。

第七十条 对调查工作结束后发现立案依据不充分或者失实，案件处置出现重大失误，监察人员严重违法的，应当追究负有责任的领导人员和直接责任人员的责任。

第八章 法律责任

第七十一条 有关单位拒不执行监察机关作出的处理决定,或者无正当理由拒不采纳监察建议的,由其主管部门、上级机关责令改正,对单位给予通报批评;对负有责任的领导人员和直接责任人员依法给予处理。

第七十二条 有关人员违反本法规定,有下列行为之一的,由其所在单位、主管部门、上级机关或者监察机关责令改正,依法给予处理:

(一)不按要求提供有关材料,拒绝、阻碍调查措施实施等拒不配合监察机关调查的;

(二)提供虚假情况,掩盖事实真相的;

(三)串供或者伪造、隐匿、毁灭证据的;

(四)阻止他人揭发检举、提供证据的;

(五)其他违反本法规定的行为,情节严重的。

第七十三条 监察对象对控告人、检举

人、证人或者监察人员进行报复陷害的；控告人、检举人、证人捏造事实诬告陷害监察对象的，依法给予处理。

第七十四条 监察机关及其工作人员有下列行为之一的，对负有责任的领导人员和直接责任人员依法给予处理：

（一）未经批准、授权处置问题线索，发现重大案情隐瞒不报，或者私自留存、处理涉案材料的；

（二）利用职权或者职务上的影响干预调查工作、以案谋私的；

（三）违法窃取、泄露调查工作信息，或者泄露举报事项、举报受理情况以及举报人信息的；

（四）对被调查人或者涉案人员逼供、诱供，或者侮辱、打骂、虐待、体罚或者变相体罚的；

（五）违反规定处置查封、扣押、冻结的财物的；

（六）违反规定发生办案安全事故，或者

发生安全事故后隐瞒不报、报告失实、处置不当的;

(七)违反规定采取强制到案、责令候查、管护、留置或者禁闭措施,或者法定期限届满,不予以解除或者变更的;

(八)违反规定采取技术调查、限制出境措施,或者不按规定解除技术调查、限制出境措施的;

(九)利用职权非法干扰企业生产经营或者侵害企业经营者人身权利、财产权利和其他合法权益的;

(十)其他滥用职权、玩忽职守、徇私舞弊的行为。

第七十五条 违反本法规定,构成犯罪的,依法追究刑事责任。

第七十六条 监察机关及其工作人员行使职权,侵犯公民、法人和其他组织的合法权益造成损害的,依法给予国家赔偿。

第九章 附 则

第七十七条 中国人民解放军和中国人民武装警察部队开展监察工作,由中央军事委员会根据本法制定具体规定。

第七十八条 本法自公布之日起施行。《中华人民共和国行政监察法》同时废止。

图书在版编目（CIP）数据

监察法学习百问百答 / 中国法治出版社编. -- 北京：中国法治出版社，2025.1. --（法律法规学习百问百答系列）. -- ISBN 978-7-5216-5023-5

Ⅰ. D922.114.5

中国国家版本馆 CIP 数据核字第 2025UL3836 号

责任编辑：秦智贤	封面设计：杨鑫宇

监察法学习百问百答
JIANCHAFA XUEXI BAIWEN BAIDA

经销/新华书店
印刷/三河市紫恒印装有限公司
开本/880 毫米×1230 毫米 64 开　　印张/2.125　字数/54 千
版次/2025 年 1 月第 1 版　　　　　　2025 年 1 月第 1 次印刷

中国法治出版社出版
书号 ISBN 978-7-5216-5023-5　　　　定价：10.00 元

北京市西城区西便门西里甲 16 号西便门办公区
邮政编码：100053　　　　　　　　传真：010-63141600
网址：http：//www.zgfzs.com　　编辑部电话：010-63141798
市场营销部电话：010-63141612　　印务部电话：010-63141606

（如有印装质量问题，请与本社印务部联系。）

ISBN 978-7-5216-5023-5

定价：10.00元